Breve guía para leer la Biblia

SCOTT HAHN

Breve guía para leer la Biblia

EDICIONES RIALP
MADRID

Título original: *A Pocket Guide to the Bible*

© 2008 *by* Scott Hahn. Publicado por Our Sunday Visitor Publishing, Inc.

© 2024 de la versión española realizada por Teresa Gómez *by* EDICIONES RIALP, S. A.,
Manuel Uribe 13-15, 28033 Madrid
(www.rialp.com)

Preimpresión: www.produccioneditorial.com

ISBN (edición impresa): 978-84-321-6881-9
ISBN (edición digital): 978-84-321-6882-6
ISBN (edición bajo demanda): 978-84-321-6883-3
ISNI: 0000 0001 0725 313X
Depósito legal: M-20440-2024

Impreso en España   *Printed in Spain*

Anzos, S. L. - Fuenlabrada (Madrid)

ÍNDICE

INTRODUCCIÓN

«En muchas ocasiones y de muchas maneras habló Dios» (*Heb* 1, 1). Habló, y lo sigue haciendo, en las maravillas de la creación, pues hizo todo el universo a través de su Palabra eterna (*Jn* 1, 3). Y nos habla en la historia de creación y salvación escrita en la Biblia: a través de la ley, los profetas, el evangelio y los apóstoles.

Estas diversas manifestaciones se armonizan perfectamente en la persona de la Palabra hecha carne, Jesucristo. En Jesús, Dios se reveló completamente. Y también ahí nos habló con palabras: Jesús habló, predicó, aconsejó, enseñó y rezó en voz alta. Hizo preguntas. Contó historias. Incluso trazó palabras en la arena. Hizo todo esto por nosotros, porque las palabras son algo normal para los seres humanos. No obstante, sus palabras son extraordinarias, porque son reveladoras: palabras humanas que revelan la Palabra eterna de Dios. Son la Palabra de Dios en las palabras de hombres, mujeres y niños.

En la Biblia, no encontramos una letra muerta, sino una persona: la «Palabra de Dios es viva y eficaz» (*Heb* 4, 12). No es una palabra que podamos manipular o distorsionar para satisfacer nuestros caprichos. Es Jesucristo, que viene con poder sobre todos los elementos, sobre la vida y la muerte. «Sus ojos son como llama de fuego, muchas diademas ciñen su cabeza [...]. Va envuelto en un manto empapado en sangre, y es su nombre "el Verbo de Dios"» (*Ap* 19, 12-13).

Ha venido a nuestras vidas con ese poder, como nuestro maestro, salvador, hermano y Dios. Busquemos, pues, la Palabra de Dios en las mismas palabras de Dios.

1. ¿QUÉ ES LA BIBLIA?

La Biblia es la Palabra de Dios en palabras humanas. Como nos llega del Dios Todopoderoso, tiene el poder de transformar la vida, ya que Dios nos conoce, y sabe lo que necesitamos cada vez que abrimos el libro.

A veces su Palabra llega tronando desde lo alto, a veces susurrando en una voz suave y apacible, pero siempre es la Palabra enviada por el Todopoderoso, que todo lo sabe y todo lo ama.

La Biblia es una biblioteca entera de libros escritos a lo largo de más de mil años, en muchos estilos diferentes, con muchos puntos de vista de docenas de escritores distintos. Pero también es un solo libro, con un solo Autor —Dios— contando una sola historia: la historia apasionante de nuestra salvación.

Ningún otro libro tiene este tipo de variedad y unidad, o unidad en la variedad. Es lo que hace que leer la Biblia pueda ser no solo algo agradable, sino una de las experiencias intelectuales más emocionantes de tu vida.

La historia tarda mucho en desarrollarse, y conocerás a muchos personajes interesantes en el camino. Al final te darás cuenta de que, desde el principio, Dios siempre tuvo un plan providencial: el plan de un Padre para salvar a sus hijos. También verás cómo, al igual que un novelista experto, fue enviando personas y eventos que presagiaban a su vez personas y eventos posteriores, preparando a su pueblo para lo que habría de venir mediante imágenes que les ayudarían a entenderlo todo a su debido tiempo.

Por último, hay una cosa más que hace única a la Biblia. No tienes que conformarte solo con leerla: puedes entrar directamente en ella. Dondequiera que se celebren los sacramentos, ahí la Biblia *sucede*. Leer la Biblia te ayuda a prepararte para los sacramentos, y en los sacramentos todo lo que has leído cobra vida ante tus ojos.

¿No te suena a aventura apasionante? Entonces, allá vamos.

2. LA ESTRUCTURA DE LA BIBLIA

La Biblia es una biblioteca de docenas de libros. Como cualquier buena biblioteca, tiene que estar organizada de alguna manera, para poder encontrar los libros que hay en ella.

Dado que la Biblia comienza con el principio de los tiempos y termina con el fin de los tiempos, podrías esperar que los libros estén ordenados cronológicamente. En realidad, la disposición es más complicada que eso, pero también más lógica.

Las dos grandes divisiones, por supuesto, son el Antiguo Testamento y el Nuevo Testamento. El Antiguo Testamento contiene todos los libros de las Escrituras escritos antes de la venida de Jesucristo; el Nuevo Testamento contiene todos los libros de las Escrituras escritos después de la venida de Jesucristo.

Una pregunta que habría que hacerse primero sería: ¿Qué es un *testamento*? "Testamento" es una traducción de la palabra griega *diatheke*, que puede traducirse más precisamente como "pacto". En el mundo antiguo, un pacto era un acuerdo solemne que creaba un vínculo familiar entre dos partes: el matrimonio y la adopción, por ejemplo, eran relaciones establecidas por un pacto, al igual que las alianzas entre pueblos. La Antigua y la Nueva Alianza representan etapas en la relación de Dios con su pueblo.

En cada una de estas dos grandes divisiones, los libros están organizados en grupos según su tipo.

Antiguo Testamento

En el Antiguo Testamento hay cuatro divisiones principales:

1. **Ley**. Estos son los cinco libros de Moisés, la base de todo lo demás en el Antiguo Testamento. Cuentan la historia de cómo comenzó Israel y establecen las reglas para la vida y el culto.

2. **Historia**. Estos libros cuentan la historia de Israel en la Tierra Prometida, desde su conquista hasta la exitosa rebelión de los Macabeos, pasando por el reino y el periodo de exilio.

3. **Sabiduría**. Estos libros incluyen reflexiones sobre el orden de la creación, así como instrucciones morales sobre la virtud personal, la vida familiar, el gobierno y el temor del Señor.

4. **Profecía**. Nos muestra la palabra de Dios: su juicio sobre los malvados y sus promesas de consuelo para los afligidos.

Nuevo Testamento

Cuando miramos el Nuevo Testamento, podemos ver el mismo tipo de estructura en cuatro partes:

1. **Evangelios (ley).** La base de todo lo que sigue en el Nuevo Testamento, cuentan cómo Jesucristo trajo la Nueva Ley por la cual viven los cristianos.

2. **Hechos de los apóstoles (historia).** La fundación y expansión del nuevo reino: la Iglesia.

3. **Epístolas (sabiduría).** Meditaciones sobre la doctrina cristiana y consejos prácticos sobre cómo vivirla.

4. **Apocalipsis (profecía).** Cómo el juicio final trae castigo a los malvados y consuelo a los afligidos.

Recordar esas cuatro grandes divisiones en los dos testamentos será de gran ayuda para familiarizarse con lo que hay en la Biblia. Una vez que conozcas la organización general, te sorprenderá lo rápido que puedes encontrar casi todo lo que estés buscando.

¿Por qué dos Testamentos?

Pero ¿por qué hay dos testamentos? ¿Por qué nos sigue importando el Antiguo Testamento cuando tenemos el Nuevo?

La respuesta es que cada testamento está incompleto sin el otro. Son dos elementos de un solo plan. San Agustín dijo que el Nuevo Testamento se oculta en el Antiguo, y el Antiguo Testamento se revela en el Nuevo. El día de su resurrección, Jesús proclamó que todas las promesas del Antiguo Testamento se habían cumplido (*Lc* 24, 25-27). El sermón de Pedro en *Hechos* 2, 14-36 es un buen ejemplo de cómo los primeros cristianos predicaron ese mensaje.

Eso significa que no podemos entender del todo el mensaje cristiano sin el Antiguo Testamento. El Nuevo Testamento no suprime ni revoca el Antiguo Testamento: por el contrario, lo cumple y renueva.

Al leerlo, notarás una conexión aún más estrecha. Una y otra vez, los eventos en un testamento te recordarán cosas que ocurrieron en el otro. Los teólogos cristianos llaman a esto *tipología*: la forma en que sucesos y elementos anteriores prefiguran momentos y objetos posteriores. Por ejemplo, los cristianos ven el sacrificio de Isaac (*Gn* 22, 1-19) como una prefiguración, o *tipo*, del sacrificio de Jesucristo en la cruz. Eso no significa que fuera *solo* un tipo: también fue un evento real que sucedió a Abrahán e Isaac. Pero Dios usa la historia, como un novelista usaría su trama, para llevarnos a una mejor comprensión de su plan.

El *Catecismo* dice que la tipología «significa un dinamismo que se orienta al cumplimiento del plan divino» (nr. 130). La tipología nos muestra cuál es el patrón en el plan de Dios. La ofrenda de Abrahán prefigura el sacrificio del cordero pascual durante la huida de Israel de Egipto (*Ex* 12), así como los sacrificios de animales del Templo de Jerusalén (que se construyó en el mismo lugar donde Abrahán ofreció a Isaac). Su cumplimiento final fue en la ofrenda de Cristo, y la Iglesia continúa participando en esa ofrenda hoy, cuando celebramos la Misa, la Eucaristía del Cordero de Dios.

3. ¿QUIÉN ESCRIBIÓ LA BIBLIA?

El autor principal de la Biblia es, por supuesto, Dios. No solo creó el mundo y guio sus eventos, sino que también inspiró el relato bíblico de esa creación y esa historia. Eligió a autores humanos para poner lo divino en palabras humanas, y usó las habilidades de cada uno, sus distintos estilos y técnicas literarias. Los autores humanos fueron verdaderos autores, pero Dios actuó en ellos y a través de ellos para revelar todo lo que quería.

Nadie sabe cuántas personas escribieron la Biblia. Algunos libros son enteramente obra de un solo escritor, como las *Cartas de Pablo*. Otros, como los *Salmos* o los *Proverbios*, son compilaciones de obras de muchos autores diferentes, algunos de ellos nombrados en el texto. Otros, como varios de los libros históricos, fueron compilados por un editor (o editores) que usaron distintas fuentes antiguas; por ejemplo, el autor de los *Reyes* cita a menudo «el libro de las crónicas de los reyes de Israel».

Hay cartas del Nuevo Testamento que nos dicen en los primeros párrafos quién las escribió, y algunos de los profetas se identifican a sí mismos como autores de sus obras. En cambio, muchos de los libros de la Biblia son anónimos: no identifican a los autores inspirados, por lo que debemos confiar en la tradición y en quienes los han estudiado. La tradición, por ejemplo, nos dice que Moisés escribió los cinco libros de la Ley y que el apóstol Juan escribió el *Apocalipsis*.

Los expertos modernos a menudo pasan décadas tratando de averiguar quién escribió algún libro concreto. ¿Realmente escribió Moisés los cinco libros de la Ley, o fueron compilados a partir de cuatro documentos diferentes? ¿fueron, por el contrario, compuestos a partir de tradiciones orales? ¿Es el "Juan" que escribió el *Apocalipsis* realmente Juan el apóstol, o es algún otro cristiano del mismo nombre?

Son preguntas fascinantes, pero son más importantes para los estudiosos que para el lector común.

Lo que debemos recordar es que los libros de la Biblia tal como los tenemos son Sagrada Escritura, inspirada por Dios. Las fuentes hipotéticas de esos libros no son la Escritura. Es bueno y útil descubrir más sobre cómo se escribió un libro: cuanto más descubramos, mejor podremos entender lo que está diciendo. Pero no debemos olvidar que nuestra Escritura inspirada es la Biblia tal como la tenemos ahora, no lo que podríamos llegar a reconstruir mediante investigación y teorías.

Inspirado por Dios

«Toda Escritura es inspirada por Dios y además útil para enseñar, para argüir, para corregir, para educar en la justicia» (*2 Tim* 3, 16). Pero ¿qué queremos decir cuando decimos que estos escritos fueron «inspirados por Dios»?

El texto griego de *2 Timoteo* dice que *toda* la Escritura es *soplada por Dios*. Así que la inspiración significa más que simplemente la ayuda, aprobación o acuerdo de Dios. Significa la autoridad de Dios, su autoría.

La tradición católica habla de la *doble autoría* de la Biblia. Dios es el autor principal y los escritores humanos son autores instrumentales. La autoridad de Dios se extiende incluso a las palabras elegidas por los autores humanos. Esos autores escribieron solo lo que Dios quería que escribieran, y todo lo que Él quería. Pusieron por escrito la Palabra de Dios, con las palabras de Dios y usando su propia libertad.

Este es un gran misterio. Tan grande, de hecho, que la Iglesia compara la inspiración de la Escritura con la encarnación del Hijo de Dios. En ambos casos, Dios actúa como un verdadero Padre que se inclina para encontrarse con sus hijos.

A través de la encarnación, la Palabra eterna se hizo carne para compartir nuestra vida. A través de la inspiración, Dios adaptó su palabra eterna al lenguaje humano.

Tanto la Palabra encarnada como la Palabra inspirada son completamente divinas y completamente humanas. En ambas, lo humano y lo divino son inseparables. En ambas, lo humano es el instrumento para comunicar lo divino.

Tanto la inspiración como la encarnación son misterios divinamente revelados, conocidos solo por la fe, e incognoscibles por medios humanos. El papa Pío XII dijo: «Así como la Palabra sustancial de Dios se hizo como los hombres en todas las cosas, excepto en el pecado, así las palabras de Dios, expresadas en lenguaje humano, se hacen como el discurso humano en todos los aspectos, excepto en el error».

La Escritura es de hecho infalible. Un papa anterior, León XIII, explicó que la infalibilidad es una consecuencia lógica de la autoría de Dios. La inspiración, dijo, «es esencialmente incompatible con el error».

Aún así, «sin error» no describe adecuadamente la autoridad de la Biblia. Otros libros pueden estar libres de errores, por ejemplo, un libro de matemáticas bien editado, pero ningún otro libro tiene a Dios como su autor, y por lo tanto ningún otro texto transmite el poder salvador de Dios tan puramente. Jesús mismo nos dice: «Las palabras que os he dicho son espíritu y vida» (*Jn* 6, 63). La Escritura es como un sacramento en la forma en que transmite perfectamente la Palabra de Dios para nuestra salvación.

4. ¿QUÉ SE INCLUYE EN LA BIBLIA?

¿Cómo sabemos qué libros deberían estar en la Biblia y cuáles no?

Es una pregunta que escuchamos a menudo hoy en día, cuando los editores presentan una serie de textos antiguos como si contuvieran la verdad largamente suprimida sobre Jesús. El *Evangelio de Tomás*, el *Evangelio de Judas*, el *Evangelio de Felipe*... — ¿por qué no están estos libros en nuestra Biblia cristiana? ¿Quién decidió qué se incluía y qué se dejaba fuera?—.

Los apóstoles confiaron las Escrituras a la Iglesia como parte del depósito de la fe: la Tradición sagrada. Con el tiempo, guiada por el Espíritu Santo, la Iglesia reconoció la necesidad de hacer una lista formal de los escritos que son divinamente inspirados. Esta lista completa se llama el "canon" de la Escritura.

> *Canon* es la palabra griega para "regla" o "vara de medir".

Al principio, los obispos producían tales listas para el uso de sus iglesias locales. Debido a que no existía la imprenta, la mayoría de la gente —e incluso la mayoría de las iglesias— no podían poseer una "Biblia" completa. Los libros se copiaban laboriosamente a mano, por lo que eran muy caros y algo raros, y la lectura devocional privada era un lujo que pocos cristianos podían permitirse. En cambio, los creyentes escuchaban las Escrituras proclamadas en el curso del culto público de la Iglesia: la Misa. Los cánones más antiguos son simplemente listas de los libros que se podían leer en Misa.

Los obispos a veces se sentían motivados a elaborar un canon porque grupos heréticos estaban introduciendo "evangelios" extraños y atribuyéndolos a los primeros discípulos de Jesús. Un obispo temprano de Antioquía, por ejemplo, prohibió públicamente a las iglesias de su región usar un supuesto *Evangelio de Pedro* que estaba en circulación.

Muchos de estos textos rechazados han resurgido en nuestros días, excavados por arqueólogos o historiadores. Los estudiosos y clérigos los llaman "apócrifos", que es griego para "ocultos", ya que muchos de estos textos fueron suprimidos por la Iglesia. Aunque son promovidos con entusiasmo por los medios, son textos poco fiables, producidos mucho tiempo después que los verdaderos Evangelios —y aunque algunos de ellos son ortodoxos en su doctrina, la mayoría de ellos son aburridos de leer—. Hay buenas razones por las que no entraron en los cánones oficiales de la Iglesia.

Varios cánones han sobrevivido desde los primeros siglos de la Iglesia. San Atanasio testimonia los contenidos del Nuevo Testamento, exactamente como los tenemos hoy, en el año 367. Los obispos de la Iglesia confirmaron este canon en los concilios locales de Hipona (393) y Cartago (397 y 419). El canon final también fue ratificado por el papa Dámaso en un sínodo del siglo IV en Roma.

Pero, como decíamos antes, esas acciones oficiales simplemente confirmaron la práctica largamente establecida de la Iglesia: la Tradición que la Iglesia había recibido de los apóstoles.

El Antiguo Testamento

Cuando Jesús y sus discípulos citaban la "Escritura", se referían a lo que llamamos el Antiguo Testamento: la colección de escritos sagrados que formaban la Biblia de los judíos.

Pero ¿cómo decidió el pueblo de Israel qué libros eran sagrados y cuáles no? Podemos ver en el Antiguo Testamento que hubo varios casos de "canonización" de la Escritura, y generalmente coincidían con una renovación del pacto de Dios con su pueblo.

A través de Noé, Dios dio a la humanidad una ley simple (*Gn* 9). Moisés, a su vez, puso por escrito la ley de Dios y, al hacerlo, creó una especie de "canon" (*Ex* 24, 3-8).

El *Segundo libro de los reyes* narra cómo el reformador Josías redescubrió el libro de la ley, que había sido descuidado durante mucho tiempo, y lo proclamó públicamente (2 *Re* 23, 2). De manera similar, después de regresar del exilio, el sacerdote Esdras reintrodujo la ley al pueblo leyéndola en voz alta en la asamblea (*Neh* 8, 3, 5-6).

A lo largo de su historia, el pueblo de Israel preservó la colección de escritos sagrados. En los tres siglos antes de Cristo, los judíos en Egipto los tradujeron al griego, produciendo una edición conocida como la *Septuaginta* (nombrada en honor al equipo de setenta traductores y a veces abreviada con el número romano LXX). Los contenidos de la Septuaginta constituyen uno de los primeros cánones, que fue aceptado por muchos judíos de habla griega en todo el mundo. En los escritos del Nuevo Testamento, los apóstoles parecen usar la Septuaginta, y también lo hicieron los antiguos Padres de la Iglesia.

En tiempos de Jesús, había un consenso general sobre qué libros pertenecían a la Escritura, es decir, cuáles podían ser leídos durante el culto en las sinagogas y el Templo. Sin embargo, todavía se debatía sobre algunos de los libros más recientes. Los *libros de los Macabeos*, por ejemplo, y algunos de los libros sapienciales, eran aceptados por muchos judíos, y aparecían con la Septuaginta. Pero los rabinos posteriores los rechazaron, y hoy esos libros no están en la Biblia judía.

Los católicos, siguiendo la antigua tradición, aceptan esos siete libros posteriores como parte del Antiguo Testamento. Casi todos los cuerpos protestantes siguen la tradición judía posterior en rechazarlos. Los libros debatidos a menudo se llaman *deuterocanónicos*, de una palabra griega que significa "segundo canon". Para un católico, no son de ninguna manera menos inspirados que los libros protocanónicos ("primer canon"). Sin embargo, generalmente no aparecen en las Biblias protestantes. Para un católico, por lo tanto, una Biblia protestante está incompleta.

El Nuevo Testamento

Para los primeros cristianos, "Escritura" significaba lo que llamamos el Antiguo Testamento. Al principio, cuando el cristianismo estaba mayormente centrado en Jerusalén, no había necesidad de escribir mucho más que eso. Cuando los apóstoles predicaban, interpretaban la ley, los profetas y otros escritos a la luz de la muerte, resurrección y glorificación de Jesucristo. Pero en pocos años el cristianismo se extendió por toda Palestina, y luego por el Imperio Romano y más allá. Se hizo imposible para los apóstoles estar y enseñar en todas partes al mismo tiempo.

Pero los apóstoles también escribían a las iglesias que habían fundado: dándoles aliento, resolviendo disputas y aclarando cuál era la verdadera enseñanza de Cristo sobre ciertas cuestiones que habían surgido. Estas cartas, provenientes de los vicarios elegidos de Cristo, se leían en voz alta cuando la congregación se reunía. Estas cartas fueron las primeras Escrituras cristianas: mensajes de los apóstoles a congregaciones que no podían visitar inmediatamente en persona.

Por las mismas razones, la comunidad cristiana comenzó a necesitar relatos escritos de la vida de Jesús. Cuando la mayoría de los cristianos todavía eran personas que realmente habían conocido a Jesús y visto los eventos de su ministerio, no había necesidad de un libro para contarles lo que ya sabían. Pero pronto el número de conversos cristianos que nunca habían visto a Jesús en la tierra superó con creces el número de seguidores originales de Jesús. Para asegurarse de que la verdadera historia del ministerio de Jesús se recitara cuando se reunían, los cristianos que habían visto los eventos o tenían buena información comenzaron a escribir las historias en *evangelios*, es decir, historias de *la buena nueva*.

Pero solo aquellas cartas que llevaban el mensaje auténtico de los apóstoles y solo aquellos evangelios que contaban la verdadera historia de la vida de Cristo eran adecuados para leerse en el culto cristiano. Se escribieron muchos más libros de los que terminaron en el Nuevo Testamento: en *Lucas* 1, 1, el evangelista nos dice que ya se habían escrito muchas historias de la vida de Jesús cuando él tomó la pluma.

Hoy en día, parece una tarea imposible ordenar los cientos de documentos y decidir cuáles contienen el mensaje auténtico. Pero no era tan imposible cuando la tarea estaba en proceso. La Iglesia ya estaba tomando decisiones mientras los apóstoles aún vivían. Jesús había sido un predicador popular, y miles de personas habían visto al menos una parte de lo que hizo. Pedro, Pablo y muchos de los otros apóstoles habían viajado extensamente y hablado con miles en su tiempo. Había por tanto miles de testigos en la Iglesia que podían verificar de primera mano lo que Cristo y los apóstoles habían dicho y hecho.

Para mediados del siglo II —cuando aún había personas vivas que habían escuchado la predicación de los apóstoles— la lista de libros ya estaba tomando forma. El Canon Muratoriano, que probablemente fue escrito a finales del 100, enumera los libros del Nuevo Testamento casi como los listamos hoy.

Los concilios posteriores codificaron los cánones cristianos tanto del Antiguo Testamento como del Nuevo. El Concilio de Trento enumeró los libros de las Escrituras, reaccionando contra los protestantes que rechazaban los libros deuterocanónicos. Pero el canon no es una invención tardía: fue un consenso alcanzado muy temprano, y los concilios posteriores solo confirmaron lo que ya había sido la enseñanza y práctica de la Iglesia católica.

5. BIBLIA E IGLESIA

La Biblia es el documento fundacional de la Iglesia y cobra vida en ella. Sin la Iglesia, de hecho, falta la mitad de la historia.

Jesús quería que su revelación —el Evangelio— se transmitiera de manera confiable a través de los tiempos. Así que encargó a los apóstoles que transmitieran lo que les había revelado. Vemos en los *Hechos de los Apóstoles* que hicieron esto predicando, enseñando, rezando, escribiendo y, especialmente, mediante sus acciones rituales (bautismo en agua, la fracción del pan, la imposición de manos).

Dios se reveló a quienes vendríamos después a través de la Escritura y la Tradición: la Iglesia custodia ambas cosas. El contenido de la Escritura, el canon, se preservó a través de la Tradición. También la correcta interpretación de la Escritura dependía de la Tradición. San Pablo dio a la Iglesia instrucciones que aún seguimos hoy: «manteneos firmes y conservad las tradiciones que habéis aprendido de nosotros, de viva voz o por carta» (*2 Tes* 2, 15).

La Escritura y la Tradición están estrechamente conectadas. Dependen la una de la otra. Se confirman mutuamente, ya que ambas provienen de la misma fuente: Dios.

Todas las generaciones de cristianos que nos precedieron son testigos de la forma en que los apóstoles interpretaban la Biblia, y nosotros queremos interpretar la Biblia como ellos lo hicieron. Al leer la Biblia, un católico tiene la ayuda de toda la Iglesia: los santos del pasado y los cristianos del presente, de todos los rincones del mundo. Es todo un privilegio.

La Iglesia interpreta la Biblia bajo la guía del Espíritu Santo (cfr. *Hch* 8, 29-35). Jesucristo prometió que siempre guiaría a su Iglesia. Dio a sus apóstoles la autoridad y el poder para enseñar la doctrina verdadera, y los apóstoles transmitieron esa autoridad a sus sucesores, en una línea ininterrumpida hasta los obispos de hoy. Esta autoridad docente, llamada *magisterio*, nos ayuda a interpretar la Biblia sin desviarnos hacia el error.

El Espíritu dijo a Felipe: «Acércate y pégate a la carroza». Felipe se acercó corriendo, le oyó leer el profeta Isaías, y le preguntó: «¿Entiendes lo que estás leyendo?». Contestó: «¿Y cómo voy a entenderlo si nadie me guía?». E invitó a Felipe a subir y a sentarse con él. El pasaje de la Escritura que estaba leyendo era este:

> Como cordero fue llevado al matadero, como oveja muda ante el esquilador, así no abre su boca. En su humillación no se le hizo justicia. ¿Quién podrá contar su descendencia? Pues su vida ha sido arrancada de la tierra.
>
> El eunuco preguntó a Felipe: «Por favor, ¿de quién dice esto el profeta?; ¿de él mismo o de otro?». Felipe se puso a hablarle y, tomando pie de este pasaje, le anunció la Buena Nueva de Jesús (*Hch* 8, 29-35).

Jesús no dejó a sus seguidores sin guía. Les dejó una Iglesia, encargada de predicar la Buena Nueva a todos y con la autoridad para hacerlo correctamente (cfr. *Mt* 28, 18-20).

Como la Iglesia recibió la autoridad para enseñar la doctrina bíblica, siempre podemos acudir a ella cuando no entendamos algo. El *Catecismo de la Iglesia Católica*, que tiene un magnífico índice, es un buen lugar en el que buscar respuestas.

Biblia y liturgia

Es importante recordar que el "canon" del Nuevo Testamento era principalmente una lista de libros aptos para ser leídos en la liturgia. El Canon Muratoriano, por ejemplo, menciona el *Pastor de Hermas* como un buen libro, pero especifica que no puede ser leído en el culto. Tendemos a olvidar el lugar tan importante que la Biblia tiene en la liturgia, pero en realidad eso es lo que significa

"Escritura": los libros que pueden ser leídos en la liturgia.

Esto no quiere decir que esté mal leer la Biblia fuera de la liturgia, por supuesto. Es bueno leerla tanto como podamos, tan a menudo como sea posible. Pero el ambiente natural de la Escritura es la liturgia, porque la liturgia es donde la Escritura cobra vida, donde el texto escrito se convierte en una Palabra viva. Todas las promesas del Antiguo y Nuevo Testamento apuntan hacia la liturgia de la Iglesia, que es una participación terrenal en la liturgia eterna del cielo.

Leer la Biblia sin participar en la liturgia es como leer una gran historia de aventuras y cerrar el libro antes del capítulo final. ¿Cómo termina todo? ¿Triunfa el bien? ¿Se cumplen todas las promesas? La liturgia cristiana, especialmente la Misa, es la respuesta a todas esas preguntas.

En casa, puedes leer la Biblia, y eso es maravilloso. Pero cuando vas a Misa, *vives* la Biblia.

6. CÓMO ENTENDER LA BIBLIA

Guiados por la Iglesia, estamos preparados para abrir la Biblia y empezar a leer. Pero antes, algunas indicaciones:

La Biblia es literatura

Podemos comenzar a leer la Biblia directamente, pero puede que no entendamos lo que estamos leyendo.

Eso pasa porque la Biblia es literatura. Aunque parece obvio, dado que contiene palabras, es importante reconocer que leer literatura, algo que hacemos de forma natural, implica en realidad procesos complejos.

Cuando leemos una novela de detectives, sabemos cuáles son las reglas y, sin apenas darnos cuenta, entendemos que la historia se mueve en esa clave de lectura. Son reglas distintas si lo que leemos es una historia de detectives, un informe o una columna humorística.

En la historia de detectives, esperamos algo verosímil pero no verdadero. Del informe anual, en cambio, esperamos hechos reales puestos de tal forma que la empresa quede bien. Si el texto es de humor, esperamos exageración y distorsión de la realidad, destinadas a hacernos reír.

Pero ¿y si tuviéramos expectativas equivocadas? ¿Qué pasaría si leyéramos el informe anual esperando que funcione como un texto humorístico? Podríamos disfrutarlo mucho más, pero ciertamente no captaríamos el mensaje que los escritores querían que recibiéramos.

Cuando leemos algo, solo lo entendemos completamente si sabemos qué tipo de literatura estamos leyendo. La mayoría de las veces no tenemos que pensar en ello: estamos acostumbrados a lo que siempre hemos leído y sabemos qué esperar.

Pero es distinto cuando se trata de la Biblia. Las Escrituras son muchos tipos diferentes de literatura, y a menos que sepamos cuál estamos leyendo, realmente no entenderemos el contenido. El problema es que la mayoría de nosotros no reconocemos las formas literarias de hace tres mil años tan fácilmente como reconocemos una historia de detectives.

¡Aunque hay algunas excelentes historias de detectives en el libro de Daniel!

Antes de poder entender lo que los escritores de las Escrituras quieren decirnos, tenemos que saber un poco más sobre los géneros literarios que usan.

Tipos de literatura en la Biblia

Algunos escritos bíblicos cuentan historias. El *libro de Jonás* es un buen ejemplo. Como cualquier otra historia, hay un argumento (con introducción, nudo y desenlace), un héroe con el que empatizamos y una moraleja final. Esto no significa que la historia no sea cierta, pero el objetivo principal del libro es contar una buena historia que revele una enseñanza. Ester, Rut y Tobías son otros ejemplos de este tipo de libros.

Otros libros son directamente históricos, y lo importante en ellos es tener un registro preciso de los eventos. En la Biblia, la historia siempre se cuenta desde una perspectiva religiosa, por lo que la narración nunca duda en dejar claro cuando los desastres nacionales son el resultado de los pecados del pueblo o de sus líderes. Los libros de *Samuel* y *Reyes* son buenos ejemplos de escritura histórica, al igual que los evangelios y *Hechos* en el Nuevo Testamento.

La profecía lleva la palabra de Dios a su pueblo para advertirles sobre el juicio o para prometerles salvación. El libro de *Isaías* es un buen ejemplo de profecía.

La poesía expresa las emociones más profundas del poeta: amor, asombro, desesperación, tristeza y todos los sentimientos que los poetas han tratado de expresar a lo largo de los siglos. Los *Salmos*, por ejemplo, son poesía, y muchos de los profetas también fueron poetas.

La literatura sapiencial transmite consejos sobre cómo vivir una buena vida que atraiga a cualquier persona inteligente y reflexiva. *Proverbios* es el ejemplo más conocido de literatura sapiencial.

Las cartas, o epístolas, transmiten ánimo o consejos a personas o grupos específicos. Las cartas de san Pablo en el Nuevo Testamento son buenos ejemplos: algunas se dirigen a congregaciones enteras, mientras que otras (como la *Carta a Filemón*) se dirigen a amigos concretos.

El género apocalíptico describe, en lenguaje figurado, el fin de los tiempos y el juicio final. El libro del *Apocalipsis* es el ejemplo más conocido en la literatura cristiana.

La Biblia es un solo libro

A pesar de que contiene todos estos diferentes tipos de literatura, escritos durante tantos siglos, la Biblia no deja de ser un solo libro. Cuenta la historia de nuestra salvación, que es sin duda la historia más emocionante jamás contada.

Una forma de entender esta historia de salvación es viendo la historia como una serie de pactos: vínculos sagrados entre Dios y la humanidad. En la Biblia, leemos cómo Dios hace un pacto con Adán, luego con Noé y toda su familia extendida; después con Abrahán y sus descendientes, toda una tribu; luego con Moisés y toda la nación de Israel; más tarde con David, rey y gobernante de muchas naciones; y finalmente la Nueva Alianza, que en Jesucristo abarca a toda la humanidad.

Cada uno de estos pactos se acerca un poco más a reparar el daño causado por nuestro pecado. Debido a que nosotros, las criaturas de Dios, pecamos y lo rechazamos constantemente, solo puede devolvernos a una relación sana con Él a través de etapas lentas y dolorosas. Toda la Biblia es realmente la historia de Dios guiando a su pueblo de vuelta a Él.

7. PLAN DE LECTURA

Leer sobre la Biblia es útil e interesante, pero aquí de lo que se trata es de leer la Biblia misma. Ya tenemos las herramientas necesarias para abrir la Biblia y comenzar a explorar algunas de sus riquezas. ¿Pero cómo hacerlo? ¿Qué leer primero? ¿Y cómo?

1. De principio a fin

Muchas personas deciden leer toda la Biblia desde el principio hasta el final, y es una meta muy buena. Sin embargo, puede ser difícil de lograr.

Ya sabemos que la Biblia está llena de diferentes géneros literarios. Algunas historias en *Génesis* son absolutamente cautivadoras, por lo que es fácil comenzar desde el principio. *Éxodo* comienza con historias que han servido de trama para muchas películas de acción y aventura, por lo que los primeros capítulos pasan volando.

Pero no todo en la Biblia es así. *Números*, por ejemplo, tiene dos censos completos del pueblo de Israel, realizados con 40 años de diferencia. No son precisamente lecturas emocionantes. Tampoco están destinadas a serlo. Ningún censo que se haya realizado en la historia lo es. Sin embargo, si estás investigando la genealogía de tu familia o intentando entender los cambios demográficos de finales del siglo xix, es información esencial.

Algunas partes de la Biblia están pensadas para servir de consulta: como el censo, contienen información importante, pero ni siquiera los autores originales esperaban que la gente quisiera leerlas de principio a fin.

El problema para las personas que deciden leer la Biblia de principio a fin generalmente surge cuando llegan a los últimos capítulos de *Éxodo*, o con casi todo el libro de *Levítico*, donde se presentan las leyes sociales y rituales de Israel con detalles exhaustivos. Esas leyes eran y siguen siendo información esencial, pero leerlas de un tirón es no es fácil ni necesario cuando estás comenzando. Habrá tiempo para consultar esas leyes cuando necesites entender algunas de las costumbres que surgen en las historias posteriores. Entonces, las leyes serán mucho más interesantes, porque verás cómo funcionaban en la vida real.

Así que, si decides leer la Biblia de principio a fin, no te preocupes por saltar partes si te atascas. Es mucho mejor leer la mayor parte de la Biblia que leer un libro y medio al principio y luego abandonarlo para siempre, con miedo de volver a abrir el libro.

2. Siguiendo el Leccionario

Otra buena manera de leer casi toda la Biblia es seguir el leccionario diario. Se asignan ciertas lecturas para ser leídas en la Misa todos los días. Los domingos y días de fiesta, las lecturas se seleccionan porque van juntas y se iluminan mutuamente. Así que seguir el leccionario puede ayudarte a entender las lecturas en el contexto completo de la historia de la salvación. La tipología cobra vida: ves cómo el Antiguo Testamento prefiguraba el Nuevo, y cómo los eventos de toda la Biblia encuentran cumplimiento en los sacramentos de la Iglesia.

Recuerda que la liturgia es el entorno natural de las Escrituras. Cuando sigues el leccionario, estás leyendo la Biblia desde el corazón de la Iglesia.

Una de las ventajas de leer siguiendo el leccionario es que la homilía en la Misa generalmente se basará en uno de los pasajes que has estado leyendo. ¿Qué mejor manera de entender la Biblia que dejar que te la expliquen mientras la recorres? Incluso podrías decidir comenzar a ir a Misa todos los días, para poder escuchar lo que el sacerdote tiene que decir sobre lo que has estado leyendo. Y asistir a Misa es algo bueno en sí mismo. Esto es la *mistagogía*: cómo las Escrituras se despliegan y se revelan en la liturgia.

> La mistagogía es la catequesis post-bautismal, en la que se aprende acerca de los misterios divinos de la fe cristiana. Revela la verdad que se oculta en las Escrituras y se celebra y cumple en los sacramentos (cfr. *Catecismo de la Iglesia Católica*, 1075).

Hay algunas desventajas, por supuesto. Siguiendo esta lógica, no se leen los libros completos de forma ordenada, y puede ser difícil seguir una historia larga leyéndola en pequeñas dosis. Pero no está prohibido leer más que las lecturas diarias. Si quieres entender el contexto, lee todo el capítulo. Si terminas leyendo el libro completo porque no puedes dejar de hacerlo (y eso ciertamente puede suceder, porque en la Biblia hay historias realmente absorbentes), no hay nada de malo en eso.

3. Leer tus historias favoritas

Tal vez recuerdes cuáles eran algunas de tus historias favoritas de la Biblia cuando eras niño, historias que siempre han encendido tu imaginación y te han emocionado e inspirado. ¿Por qué no volver atrás y leer esas historias ahora?

Al final de este libro hay una sección llamada "Dónde encontrar...". Seguramente todas tus historias favoritas estén allí, y probablemente también algunas que no recuerdas. Es un buen lugar para empezar.

Muchas biblias tienen referencias en el margen o en la parte inferior de la página que te señalan pasajes reveladores en otros libros de la Biblia. Una vez que hayas leído y disfrutado una historia, sigue algunas de esas referencias. Podrías encontrar la misma historia contada desde un punto de vista diferente. O podrías encontrar la meditación posterior de un escritor sobre la historia que acabas de leer. O quizá un pasaje en la Ley que ilumina las costumbres descritas en la historia, o una notable predicción de los eventos hecha por un profeta. Y si sigues las referencias desde ese pasaje, ¿quién sabe dónde podrías terminar? Es una excelente manera de ver cómo todo en la Biblia está conectado.

Leer tus historias favoritas puede que no sea la mejor manera de leer toda la Biblia, pero es una excelente manera de comenzar a leer y recordar lo emocionante que puede ser la Biblia. Incluso si no haces más que eso, probablemente habrás avanzado mucho.

Como sea que decidas hacerlo, persevera en la lectura. Dedica un tiempo durante el día a la lectura de la Biblia. ¿Tienes diez minutos antes del desayuno? ¿Puedes comer diez minutos más rápido a mediodía y dedicar un poco de tiempo al terminar? ¿O puede que tengas diez minutos antes de acostarte? Diez minutos casi siempre son suficientes para leer las lecturas del día del leccionario, o un capítulo del libro que elijas. No tienes que convertirlo en un gran proyecto.

Conviértelo en un pequeño proyecto, pero uno en el que persistas. Te sorprenderá cómo un esfuerzo tan pequeño puede marcar una diferencia tan grande en tu fe.

8. LOS LIBROS DE LA BIBLIA

Antiguo Testamento

El Pentateuco (la Ley)

Los primeros cinco libros de la Biblia tradicionalmente se atribuyen a Moisés. Incluyen la historia de los comienzos del mundo y de Israel como nación, y también proporcionan las leyes fundamentales por las cuales los israelitas debían vivir como una nación santa, reservada a Dios.

Génesis significa "comienzo" en griego: narra la historia del principio de todo. Comienza con la creación y termina con los antepasados de Israel viajando a Egipto. En el camino, encontramos historias como la Caída, el Diluvio y la Torre de Babel, así como las de Abrahán, Isaac, Jacob y José, entre muchos otros.

Éxodo, que significa "salida", relata cómo el pueblo de Israel escapó de la esclavitud en Egipto y recibió la Ley en el desierto del Sinaí. Su líder fue Moisés, cuya propia historia ocupa la mayor parte del principio del libro. La historia de las diez plagas de Egipto, incluyendo la Pascua, se encuentra en *Éxodo*, al igual que los Diez Mandamientos.

Levítico recibe su nombre porque era un manual para los levitas. Después del pecado de Israel de adorar el becerro de oro, los levitas fueron designados como la tribu sacerdotal. *Levítico* detalla las leyes de pureza ritual que la nación de Israel debía seguir y que hacían de ese pueblo una nación santa perteneciente a Dios.

Números incluye dos censos de los israelitas, de ahí su nombre. El nombre hebreo significa "en el desierto", lo cual describe bien el resto del libro. Cuenta cómo Israel pasó cuarenta años vagando en el desierto como castigo por la falta de fe del pueblo al negarse a creer que el Señor entregaría Canaán en sus manos.

Deuteronomio significa "segunda ley" en griego. Cuando los israelitas pecaron nuevamente adorando a dioses paganos moabitas, quedó claro que el pueblo no era una nación santa. La ley en *Deuteronomio* hace concesiones debido a la "dureza de corazón" del pueblo, como el divorcio, por ejemplo (cfr. *Dt* 24, 1, y cómo Jesús explica esa ley en *Mt* 19, 3-9).

Los libros históricos

Estos libros narran la historia de Israel, desde la conquista de la Tierra Prometida pasando por los años del reino, unido primero y dividido después, hasta el exilio y el regreso de una parte del pueblo para reconstruir Jerusalén.

Josué relata cómo Israel conquistó la mayor parte de Canaán bajo Josué, sucesor de Moisés. La conquista va bien siempre y cuando Israel sea fiel a las instrucciones del Señor; la desobediencia trae derrota. La famosa historia de la caída de Jericó está en *Josué*.

Jueces cubre muchos años de crisis en Israel, durante los cuales los filisteos y los cananeos que todavía no habían sido conquistados amenazaron constantemente a las tribus israelitas, cuya unidad era débil. El libro sigue un patrón de apostasía, opresión y redención: Israel se aparta de la adoración al Dios Verdadero, Dios permite que Israel caiga en manos de sus enemigos, y más tarde envía un redentor, cuando Israel clama pidiendo ayuda. Muchas historias famosas están en *Jueces*, como la trompeta de Gedeón, Sansón y Dalila, y la hija de Jefté.

Rut es un hermoso romance que ocurre en la época de los jueces. Rut, viuda moabita, sigue a su suegra de regreso a Israel: «Iré adonde tú vayas, viviré donde tú vivas; tu pueblo será mi pueblo y tu Dios será mi Dios» (*Rut* 1, 16). Finalmente se casa con Booz, rico y bueno, convirtiéndose así en la bisabuela del rey David y, por tanto, una de las antepasadas de Jesucristo.

Samuel, dividido en dos libros, narra la historia del comienzo del reino en Israel. Cuando el pueblo exige tener un rey, Dios envía a Samuel para ungir a Saúl como rey de Israel. Pero Saúl pierde el reino por su desobediencia, y Dios envía a Samuel para ungir a David en su lugar. Gran parte del primer libro se centra en la larga lucha entre Saúl, cada vez más inestable, y David, quien se niega a matar a Saúl incluso cuando tiene la oportunidad. El segundo libro está dedicado al largo reinado de David. La historia de David y Goliat está en *1 Samuel* 17; el pacto de Dios con David, y su promesa de darle una dinastía eterna, está en *2 Samuel* 7.

Reyes, también en dos libros, retoma la historia en el punto donde la deja *Samuel*, al final del reinado de David. *1 Reyes* relata el glorioso reinado de Salomón, cuya apostasía trae consigo la división del reino tras su muerte. Diez de las doce tribus se rebelan y forman el reino del norte de Israel; solo Judá y Benjamín quedan bajo la casa de David. Ciclos sucesivos de apostasía y penitencia terminan con la destrucción de ambos reinos, primero Israel y luego Judá. Las tribus del norte se dispersan, sin posibilidad de volver; mientras que las dos tribus del sur son exiliadas a Babilonia.

Crónicas, en dos libros, igual que los anteriores, cubre gran parte de la misma historia que *Samuel* y *Reyes*. El énfasis en *Crónicas* es más teológico, y el autor hace un esfuerzo especial por mostrarnos a David como el modelo del rey ideal.

Esdras cuenta cómo algunos de los habitantes de Judá regresaron a su tierra natal después de décadas en el exilio. Bajo el liderazgo del sacerdote Esdras, intentaron reconstruir el Templo en Jerusalén y vivir en obediencia a la ley de Moisés.

Nehemías relata cómo Nehemías, quien había sido copero[1] del rey persa, regresó a Jerusalén para liderar la reconstrucción. Gran parte del libro son las memorias de Nehemías, una narrativa en primera persona única de la Jerusalén antigua justo después del exilio.

Tobías cuenta la historia, ambientada en la comunidad israelita exiliada, de un israelita cuyo intento de mantener a su familia en el camino de la rectitud recibe la ayuda inesperada de un ángel encubierto. (Tobías es uno de los libros deuterocanónicos).

Judit es la historia de una heroica mujer israelita que salva a su pueblo de la conquista asiria. (También *Judit* es uno de los libros deuterocanónicos).

Ester relata la historia de otra mujer israelita que en el exilio se convierte en reina de Persia y salva a su pueblo de una conspiración genocida. (Algunas partes de Ester son deuterocanónicas; el libro es más largo en Biblias católicas que en Biblias protestantes o judías modernas).

1 Macabeos narra la historia de la rebelión judía contra la opresión de los emperadores seléucidas que intentaron imponer el paganismo a los judíos, y cómo, contra todo pronóstico,

---

[1] El copero era una persona de confianza del rey que probaba el vino y alimentos antes que él, para asegurarse de que no estuvieran envenenados y así protegerlo. Era un puesto de honor dentro de la corte (n. de la t.).

la rebelión tuvo éxito. (*1 Macabeos* es un libro deuterocanónico).

2 Macabeos relata algunos de los mismos eventos de *1 Macabeos*, enfatizando el testimonio de sangre: el martirio. (También *2 Macabeos* es deuterocanónico. Algunas Biblias colocan los libros de *Macabeos* al final del Antiguo Testamento, en lugar de aquí al final de los libros históricos).

Los libros sapienciales

Son principalmente libros poéticos. Algunos de ellos, como los *Salmos* y el *Cantar de los cantares*, son pura poesía; otros, como *Proverbios* y *Sabiduría*, son colecciones de aforismos sobre cómo vivir la buena vida; los demás, como *Job* y *Eclesiastés*, abordan las preguntas difíciles de la vida. La literatura de sabiduría tiene un amplio atractivo: habla de las preocupaciones comunes a todas las personas, no solo los israelitas, y utiliza esas preocupaciones para acercarnos más a Dios.

Job plantea la pregunta más difícil de toda la filosofía: ¿Por qué sufren las personas buenas? Job es próspero y sirve fielmente a Dios. Satanás, actuando como fiscal el tribunal de Dios, predice que Job maldecirá a Dios si pierde todas sus bendiciones. Así que Job lo pierde todo, pero aún así no maldice a Dios. Sin embargo, también se niega a admitir que su caída fue el resultado de su pecado, incluso cuando sus amigos intentan persuadirlo de que confiese su pecado desconocido y pida perdón a Dios. Al final, Dios mismo defiende a Job, pero Job nunca llega a entender las razones de su sufrimiento. La sabiduría y el poder de Dios son infinitos e inescrutables.

Los *Salmos* son el gran libro de himnos de Israel, lleno de poesía litúrgica que todavía resuena en las palabras de nuestra Misa hoy. Muchos salmos se atribuyen al rey David, el más grande poeta de el antiguo Israel. Hay salmos para cada ocasión y cada sentimiento, y muchos de ellos tienen un carácter profético además de poético. Por ejemplo, el salmo 22 fue citado por Jesús en la cruz. Hay dos sistemas de numeración diferentes para los *Salmos*. La mayoría de las Biblias modernas usan el sistema de numeración hebreo, pero algunas Biblias católicas más antiguas usan el sistema de la Septuaginta, la traducción griega utilizada por los judíos de la diáspora.

> Dios mío, Dios mío, ¿por qué me has abandonado? (*Salm* 22, 2).

Proverbios es una colección de sentencias sapienciales. Muchas se atribuyen a Salomón, cuya sabiduría era legendaria, pero otros provienen de otras fuentes. Algunos pasajes se asemejan estrechamente a la literatura sapiencial de otras culturas del Cercano Oriente, lo que sugiere que este tipo de literatura hebrea podría haber tenido un gran atractivo también para otras naciones.

Eclesiastés plantea la pregunta existencial más básica: ¿Vale la pena vivir? «Todo es vanidad», dice el autor, y nada en la vida parece valer la pena. Pero el libro termina con la conclusión de que temer a Dios y guardar sus mandamientos es lo que hace que la vida valga la pena.

El *Cantar de los cantares,* o el *Cantar de Salomón,* es un poema de amor que celebra el deleite mutuo de una pareja de novios. Los teólogos judíos y cristianos siempre han visto también un significado más profundo: una alegoría del amor de Dios por su pueblo.

Sabiduría celebra la sabiduría personificada, y cuenta cómo ella va guiando la historia de la salvación. (*Sabiduría* es uno de los libros deuterocanónicos).

El *Eclesiástico* (o *Libro de la Sabiduría de Jesús, hijo de Sirac*), es una colección de reflexiones sobre cómo vivir bien la vida. Enfatiza la importancia de la sabiduría en la vida familiar.

Los Profetas

Los profetas llevaron la palabra de Dios a quienes la necesitaban, a veces una palabra de juicio para los autosuficientes, en otras ocasiones una palabra de consuelo para los oprimidos y afligidos. Los libros proféticos en la Biblia se dividen en profetas "mayores" y "menores" según la longitud de los libros, no porque unos fueran más importantes que otros.

Los Profetas Mayores

Isaías incluye profecías de un largo período antes y durante el exilio. Isaías predijo el juicio sobre Judá por sus pecados, pero también trajo la promesa reconfortante de que un resto fiel regresaría a Jerusalén, y finalmente el Ungido del Señor —el Mesías— vendría para salvar a todo el pueblo de Dios.

Jeremías profetizó durante el trágico período inmediatamente antes y después de la destrucción babilónica de Jerusalén. Su libro es el más largo de la Biblia e incluye algunas historias dramáticas de sus confrontaciones con reyes y ministros malvados, así como sus famosos oráculos. Al igual que Isaías, Jeremías predijo la destrucción de Judá, pero también prometió un tiempo en que Dios instituiría la Nueva Alianza con su pueblo, y se terminaría el sufrimiento.

Lamentaciones es una serie de poemas atribuidos a Jeremías sobre la destrucción de Jerusalén. Aunque los poemas están llenos de tristeza, también están llenos de fe en que, incluso en el desastre, Dios no abandonará a su pueblo.

Baruc se atribuye al secretario de Jeremías. Trae un mensaje de consolación a los israelitas cautivos en distintos países: Jerusalén no los abandonará, y el camino de Moisés sigue siendo el mejor y el más sabio. (Baruc es uno de los libros deuterocanónicos).

Ezequiel está lleno de imágenes extrañas y dichos difíciles. El profeta mismo fue llamado mientras estaba en el exilio en Babilonia; tuvo visiones del culto celestial y predijo un Israel perfeccionado después del exilio: entonces la liturgia del Templo sería celebrada perfectamente.

Daniel es una combinación de profecía e historias inspiradoras. Gran parte del libro está ocupado por una visión apocalíptica de la venida del Hijo del Hombre. Las famosas historias de Daniel en el foso de los leones y de los tres jóvenes en el horno también están en *Daniel*. Algunas secciones son deuterocanónicas, incluyendo los famosos pasajes en los que la sabiduría de Daniel salva a Susana de los ancianos y expone el engaño de los sacerdotes de Bel.

Los Profetas Menores

Oseas compara a Israel con una esposa adúltera, pero promete que Dios redimirá a su pueblo incluso después de su adulterio.

Joel muestra una visión del juicio inminente (el "día del Señor"), y hace un llamado al arrepentimiento y una promesa del envío del Espíritu Santo.

Amós pronuncia sentencia contra los enemigos de Israel, pero la condena más terrible es contra Israel mismo por la infidelidad del pueblo. Sin embargo, al final se restaurará la casa de David.

Abdías pronuncia sentencia contra Edom, el adversario típico de Israel.

Jonás cuenta la historia a veces cómica de un profeta reacio que intenta huir cuando Dios lo envía a predicar a los odiados ninivitas. Por supuesto, no puede huir de Dios y, para su disgusto, los ninivitas se arrepienten y son perdonados. Dios es misericordioso incluso con los enemigos de Israel si se arrepienten.

Miqueas reprocha a los líderes de Judá por provocar el juicio de Dios, pero promete que un Príncipe de Paz vendrá de la ciudad de Belén.

Nahún se regocija en la destrucción inminente de Nínive, la cruel destructora de naciones, pero advierte a Jerusalén que espere el mismo destino por su infidelidad.

Habacuc presenta a los babilonios avanzando como instrumentos de Dios para castigar a Judá, pero promete que Israel no será completamente destruido.

Sofonías describe el Día del Señor, en el que habrá un juicio terrible para los malvados, pero los justos serán finalmente liberados de su aflicción.

Ageo profetiza después del regreso del exilio, urgiendo al pueblo a continuar con la reconstrucción del Templo, que se había estancado.

Zacarías busca sacudir a quienes habían vuelto del exilio y sacarlos de su autosuficiencia. Les promete que un rey y salvador vendrá a ellos, humildemente montado en un burro.

Malaquías recrimina al pueblo elegido su hipocresía, pero prevé un tiempo en el que todas las naciones ofrecerán a Dios un sacrificio puro.

Nuevo Testamento

Evangelios

Los evangelios cuentan la historia de la vida y el ministerio de Jesús. Cada uno de los cuatro autores realza diferentes detalles, pero todos tienen la misma historia que contar. *Mateo*, *Marcos* y *Lucas* son conocidos frecuentemente como los *evangelios "sinópticos"*, porque cuentan muchas de las mismas historias de la misma manera. *Juan* parece haber sido escrito más tarde y cuenta la misma historia desde un punto de vista diferente.

Mateo probablemente fue escrito para cristianos judíos en Palestina. Retrata a Jesús como "hijo de Abrahán" (*Mt* 1, 1): quien cumple el pacto de Abrahán; lo retrata como un nuevo Moisés, el dador de la nueva Ley; y como el Hijo de David, el verdadero rey. *Mateo* incluye el famoso Sermón de la montaña (capítulos 5-7).

Libro del origen de Jesucristo, hijo de David, hijo de Abrahán (*Mt* 1, 1).

Marcos se atribuye a Juan Marcos, discípulo de Pedro. Marcos escribió la historia de Jesús tal como Pedro la había proclamado. Enfatiza la filiación divina de Jesús y su estatus como el Ungido de Dios, una identidad demostrada por sus milagros, pero mantenida en secreto para aquellos que lo malinterpretarían como un simple rey terrenal.

Lucas, el único no judío entre los escritores de los evangelios, fue compañero de Pablo. Al igual que Pablo, enfatiza que Cristo vino para salvar a todo Israel y a los gentiles. Escribe para una audiencia gentil, explicando cuidadosamente las costumbres judías. También agrega la historia de la concepción y nacimiento de Jesús, que pudo haber escuchado de la misma María.

Juan enfatiza la identidad celestial de Jesús y proporciona una reflexión teológica más amplia. Sitúa los eventos de la vida de Jesús en el contexto de las festividades judías, que Cristo cumplió, y enfatiza los sacramentos cristianos, especialmente el bautismo y la Eucaristía. Describe los milagros de Jesús como "signos" que apuntan a misterios más profundos.

Hechos de los apóstoles

Los *Hechos de los apóstoles*, escritos como una continuación al *Evangelio de Lucas*, cuentan cómo la Iglesia primitiva creció de un puñado de creyentes en Jerusalén hasta muchos miles en todo el mundo. Se concentra en la obra de Pedro y Pablo y enfatiza la misión del Espíritu Santo en la vida de la Iglesia.

Epístolas

Son cartas de los apóstoles a congregaciones que necesitaban ánimo, orden o consejo. La mayoría están firmadas por Pablo.

Cartas de san Pablo

Romanos, la más larga de las cartas de Pablo, es un profundo estudio teológico de la salvación en Cristo. Pablo demuestra que tanto judíos como gentiles son pecadores y necesitan un salvador, y se remonta hasta el pecado original de Adán. La Iglesia muestra el plan de Dios para salvar a todo Israel y a los gentiles (cfr. *Rom* 11, 26-27).

1 Corintios ofrece el consejo paternal de Pablo, tanto para la organización de la Iglesia como para la vida moral privada de los cristianos. Describe a la Iglesia como el Cuerpo de Cristo y a los cristianos como Templos del Espíritu Santo. Discute la variedad de dones y vocaciones de Dios, tanto en el matrimonio como la virginidad. Se preocupa por la recta doctrina y la observancia de los sacramentos.

2 Corintios defiende el ministerio de Pablo después de un tiempo difícil en la iglesia de

Corinto. Pablo habla más personalmente aquí de lo que suele hacerlo. Está preocupado de que falsos apóstoles hayan engañado a los cristianos de Corinto.

Gálatas defiende la comprensión ortodoxa del Evangelio contra aquellos que querrían someter a los cristianos gentiles a la circuncisión y otras leyes ceremoniales de la Antigua Alianza. Es una apasionada súplica para que los cristianos reconozcan que la cruz de Cristo cumplió la Antigua Alianza, inauguró una «nueva criatura» (*Gal* 6, 15) y renovó a Israel (6, 16).

Efesios enseña a los nuevos cristianos sobre el misterio de Cristo y la Iglesia. Cristo reina en el cielo (*Ef* 1, 20) y renueva el mundo a través de su Iglesia (3, 10). Pablo habla de la Iglesia como el cuerpo y la esposa de Cristo (5, 22-32) y como un Templo del Espíritu Santo (2, 21-22).

Filipenses fue escrita para expresar la gratitud de Pablo a los cristianos de Filipos por su generosidad. Es una carta afectuosa, aunque también desafía a los filipenses a continuar creciendo en madurez, a la vez que les advierte contra los falsos maestros.

Colosenses se dirige a nuevos cristianos que han sido engañados por falsos maestros. La carta enfatiza la supremacía de Cristo como creador y redentor y el poder salvador del bautismo.

1 Tesalonicenses es una carta alentadora para nuevos cristianos que ya enfrentaban persecución y otras presiones. Pablo escribe extensamente sobre los últimos tiempos, la muerte y el juicio, y tranquiliza a los tesalonicenses explicando que sus muertos resucitarán y que el juicio venidero será la vindicación para los cristianos.

2 Tesalonicenses refuerza los temas de *1 Tesalonicenses*, aclarando la enseñanza sobre el regreso de Cristo y exhortando a los cristianos a vivir vidas ordenadas y normales de trabajo diligente. Les recuerda que se mantengan firmes en lo que se les ha enseñado, ya sea por escrito u oralmente.

Las dos *cartas a Timoteo* contienen consejos e instrucciones para un joven obispo: su conducta personal, doctrina, culto público y la disciplina de su congregación.

Tito, al igual que las *cartas a Timoteo*, aconseja a un joven obispo sobre la conducta tanto privada como pública.

Filemón es una nota personal suplicando a uno de los amigos de Pablo que acoja de nuevo a su esclavo fugitivo, Onésimo, sin castigarlo. Usando lenguaje familiar (padre, hijo, hermano), Pablo enfatiza el nuevo vínculo que une a todos los cristianos.

Otras epístolas

Hebreos es un ensayo sobre la historia de la salvación y la teología de la alianza, muy similar al pensamiento de san Pablo. Centrándose especialmente en el sacerdocio, muestra cómo las instituciones de la Antigua Alianza prefiguraron su mayor cumplimiento en Jesucristo.

Santiago enfatiza la importancia de las buenas obras como fruto de la fe en Cristo.

1 y 2 Pedro dan consejos a los cristianos sobre cómo vivir sus vidas en medio de tentaciones y persecuciones.

Las tres *cartas de san Juan* fueron escritas para advertir contra doctrinas falsas que estaban envenenando la comunidad, y para alentar a los cristianos a mantenerse fieles a la verdadera doctrina incluso cuando la falsa doctrina parece ser poderosa.

Judas es una advertencia urgente contra la falsa doctrina, con ejemplos de figuras del Antiguo Testamento que llevaron a la gente por mal camino y fueron debidamente juzgados por ello.

Apocalipsis

El Apocalipsis, (del griego "revelación"), recoge una serie de visiones de la acción de Dios en toda la historia y la creación. Su narrativa es simbólica, habla de eventos y acciones en términos de guerra espiritual y culto ritual: una liturgia celestial con altar, sacerdotes, vestiduras, himnos, cálices y sacrificio. A través de la mediación de los ángeles, Dios revela al autor, Juan, que los santos ya han vencido y las fuerzas del mal serán derrotadas. Finalmente, el autor ve un nuevo cielo y una nueva tierra, libres del dolor y del pecado que asolaban el viejo mundo y en los que Dios mismo es la luz y el templo. Aunque el *Apocalipsis* tiene la reputación de estar lleno de visiones aterradoras de guerra y catástrofe, en realidad es un mensaje de profunda consolación. Terribles juicios vienen sobre los malvados, pero no se pierde ni uno solo de los siervos fieles de Dios.

9. DÓNDE ENCONTRAR...

Muchas historias y doctrinas aparecen en distintos lugares de la Biblia, pero aquí hay algunas referencias por las que se puede empezar. Para referencias más completas (y muy prácticas), se recomiendan los libros de Patrick Madrid: ¿Dónde está eso *en la Biblia?* (editorial Libros Alabanza) *y ¿Por qué* eso *está en la Tradición?* (Why Is *That* in the Bible?).

Relatos del comienzo del mundo

La creación	Gn 1, 1-3
La creación de la mujer	Gn 2, 18-25
La Caída (la serpiente en el Jardín del Edén)	Gn 3
Primera promesa del Salvador	Gn 3, 15
Caín y Abel	Gn 4
Noé y el Diluvio	Gn 6-9
La Torre de Babel	Gn 11, 1-9

Historias de los Patriarcas

La llamada de Abrahán	Gn 12, 1-9
Dios promete un hijo a Abrahán	Gn 15, 1-6
Abrahán será padre de naciones	Gn 17, 1-21
Abrahán negocia con Dios	Gn 18, 22-33
Sodoma y Gomorra	Gn 19, 1-29
El sacrificio de Isaac	Gn 22, 1-19

Jacob recibe la bendición de Esaú	Gn 25, 29-34; Gn 27, 1-45
La escalera de Jacob	Gn 28, 10-17
Jacob se casa con Raquel	Gn 29, 9-30
Jacob lucha con el ángel	Gn 32, 22-32
José vendido como esclavo	Gn 37
José y la esposa de Potifar	Gn 39
José interpreta el sueño del Faraón	Gn 41
José se reconcilia con sus hermanos	Gn 45
Jacob lleva a su familia a Egipto	Gn 46

Historias de Moisés y el Éxodo

Moisés en los juncos	Ex 2, 11
La zarza ardiente	Ex 3, 1-4, 17
Las diez plagas	Ex 5-12
La Pascua	Ex 12, 1-36
El paso del Mar Rojo	Ex 14
El maná del cielo	Ex 16
Agua de la roca	Ex 17, 1-8; Num 20, 2-13
Los Diez Mandamientos dados en el Monte Sinaí	Ex 19, 16 y 20, 20; Deut 5, 1-27
El becerro de oro	Ex 32, 1-14
Espías enviados a Canaán	Num 13, 1 y 14, 38
La burra parlante de Balaán	Num 22, 21-35
Muerte de Moisés	Deut 34

Historias de la Conquista y los Jueces

Rahab esconde a los espías	Jos 2
Captura de Jericó	Jos 6
El sol se detiene para Josué	Jos 10, 12-14
Débora y Barac	Jue 4-5
La trompeta de Gedeón	Jue 6
Sansón y Dalila	Jue 16
Rut va con su suegra	Rut 1

Historias del Reino

Vocación de Samuel	1 Sam 3
Samuel unge a Saúl	1 Sam 8-9
Samuel unge a David	1 Sam 16, 1-13
David toca el arpa para Saúl	1 Sam 16, 14-23
David y Goliat	1 Sam 17
David conquista Jerusalén	2 Sam 5, 6-10
Promesa de Dios a la casa de David	2 Sam 7, 5-16
David y Betsabé	2 Sam 11
Muerte de Absalón	2 Sam 18
Salomón pide la sabiduría	1 Rey 3
Salomón y la Reina de Saba	1 Rey 10, 1-13
Apostasía de Salomón	1 Rey 11, 1-13

Historias de los Reinos Divididos

Israel se rebela	1 Rey 12, 1-20
Elías resucita al hijo de la viuda	1 Rey 17, 17-24
Elías y los profetas de Baal	2 Rey 18, 17-46
Elías es llevado al cielo	2 Rey 2, 1-12
Israel conquistado y exiliado	2 Rey 17, 1-18
Judit mata a Holofernes	Judit 13
Nabucodonosor destruye Jerusalén y lleva a su gente a Babilonia	2 Rey 25

Historias del exilio

Los tres jóvenes en el horno	Dan 3
La escritura en la pared	Dan 5
Daniel en el foso de los leones	Dan 6, 6-24
Comienza la reconstrucción del templo	Esd 3
Comienzo de la rebelión de los Macabeos	1 Mac 2, 1-29
Judas purifica el Templo	1 Mac 4, 36-59
Martirio de los siete hermanos	2 Mac 7

Profecías de Cristo

La semilla de la mujer derrotará a la serpiente	Gn 3, 15
Un profeta como Moisés	Deut 18, 15
Una virgen da a luz a un rey	Is 7, 14
El Siervo Sufriente	Is 52, 13-53, 12
El Nuevo Pacto	Jer 31, 31-34
El Pastor divino/davídico	Ez 34, 11-31
El Hijo del Hombre	Dan 7, 13-14
Un rey y salvador entra en Jerusalén montado en un burro	Zac 9, 9
La institución de la Eucaristía como sacrificio perpetuo entre las naciones	Mal 1, 11

La Vida de Jesús: misterios del rosario

Misterios Gozosos

La Anunciación	Lc 1, 26-38
La Visitación	Lc 1, 39-56
La Natividad	Lc 2, 1-20
La Presentación	Lc 2, 22-40
El hallazgo del Niño Jesús	Lc 2, 41-51

Misterios Luminosos

El Bautismo de Jesús	Mt 3, 13-17
Las bodas de Caná	Jn 2, 1-12
La proclamación del Reino	Mt 4, 17
La Transfiguración	Mt 17, 1-8
La institución de la Eucaristía	Lc 22, 14-20

Misterios Dolorosos

La Agonía en el Huerto	Lc 22, 39-53
La Flagelación	Mt 27, 24-26
La Coronación de Espinas	Mt 27, 11-27
Camino del Calvario	Lc 23, 26-32
La Crucifixión	Jn 19, 18-42

Misterios Gloriosos

La Resurrección	Lc 24, 1-53
La Ascensión	Lc 24, 50-53 y Hech 1, 9-11
La Venida del Espíritu Santo	Hech 2, 1-21
La Asunción de María	Apoc 11, 19 y 12, 17
La Coronación de María	Apoc 12, 1

Otros eventos en la vida de Jesús
(muchos de estos relatos están en más de un evangelio, pero puedes empezar por estos pasajes)

Visita de los Reyes Magos	Mt 2, 1-12
Tentaciones en el desierto	Mt 4, 1-11
El Sermón del Monte	Mt 5-7
Resurrección de Lázaro	Jn 11, 1-44
Domingo de Ramos	Lc 19, 29-40
Judas traiciona a Jesús	Lc 22, 47-53

Pedro niega a Jesús	Jn 18, 15-27
Camino a Emaús	Lc 24, 13-35
Tomás incrédulo	Jn 20, 24-29

Parábolas de Jesús

Siete parábolas del Reino	Mt 13, 1-52
Los obreros en la viña	Mt 20, 1-16
Los dos hijos	Mt 21, 28-32
Los inquilinos malvados	Mt 21, 33-46
El banquete de bodas	Mt 22, 1-14
Las diez vírgenes	Mt 25, 1-13
Los talentos	Mt 25, 14-30
La oveja perdida	Lc 15, 1-7
El buen samaritano	Lc 10, 30-37
El hijo pródigo	Lc 15, 11-32
La viuda y el juez	Lc 18, 1-8

La fundación de la Iglesia

"Edificaré mi Iglesia"	Mt 16, 17-19
La venida del Espíritu Santo	Jn 20, 22-23
Características de la Iglesia primitiva	Hech 2, 42
Ordenación de los primeros diáconos	Hech 6, 5-6
Esteban, el primer mártir	Hech 6, 8-8, 1
Conversión de Saulo (Pablo)	Hech 9, 1-19
Los gentiles son bienvenidos	Hech 10, 9-48
El Concilio Apostólico de Jerusalén	Hech 15, 1-29
Viajes misioneros de Pablo	Hech 13 y ss.

Los Sacramentos

| Bautismo | Jn 3, 5 y Mt 28, 19 |

Sagrada Eucaristía	Lc 22, 14-30; 1 Cor 10, 15-17 y 11, 17-29
Confirmación	Hech 8, 14-17
Penitencia	Mt 18, 18; Jn 20, 19-23; Sant 5, 14-16
Matrimonio	Ef 5, 21-33
Orden Sagrado	Lc 22, 19; 1 Tim 3, 1-7; 1 Tim 4, 14
Unción de los Enfermos	Sant 5, 14-16

La Biblia en la Misa

Bendición trinitaria	Mt 28, 19
Señal de la cruz	Apoc 7, 3, prefigurada en Ezeq 9, 4
"Amén"	1 Cron 16, 36b
Saludo apostólico	2 Cor 13, 14
"El Señor esté con vosotros"	2 Tes 3, 1
"Yo confieso..."	Sal 51; Sant 5, 16 y otros
"Señor, ten piedad (Kyrie)"	Mt 17, 15
Gloria	Lc 2, 14 y apocalipsis (muchos textos)
Primera lectura	Generalmente, Antiguo Testamento
Salmo responsorial	Un salmo o cántico bíblico

Segunda lectura	Generalmente, Nuevo Testamento (pero no los evangelios)
"Aleluya"	Apoc 19, 1-6
Evangelio	De los evangelios
Altar	Apoc 6, 9
Ornamentos sacerdotales	Apoc 1, 13; 4, 4; 6, 11
"Levantemos el corazón"	Lam 3, 41
"Santo, santo, santo (*Sanctus*)"	Apoc 4, 8; Is 6, 3
Oración eucarística	1 Cor 11, 23-26
El gran "amén"	Apoc 5, 14
El Padrenuestro	Mt 6, 9-13
El signo de la paz	Jn 14, 27; Jn 20, 19
"Cordero de Dios"	Jn 1, 29
"He aquí el Cordero"	Apoc 19, 9
"Señor, no soy digno..."	Mt 8, 8
Despedida	Lc 7, 50
"Demos gracias a Dios"	2 Cor 9, 15
Célibes consagrados	Apoc 14, 3-4

Algunos textos importantes

Los Diez Mandamientos	Ex 20
"El Señor te bendiga y te proteja"	Num 6, 24
"Amarás al Señor tu Dios con todo tu corazón, con toda tu alma y con todas tus fuerzas"	Deut 6, 5

ESTE LIBRO, PUBLICADO POR
EDICIONES RIALP, S. A.,
MANUEL URIBE 13-15, 28033 MADRID,
SE TERMINÓ DE IMPRIMIR EN
ANZOS, S. L. FUENLABRADA (MADRID),
EL DÍA 25 DE SEPTIEMBE DE 2024.